A mis hijas y mis estudiantes. Que sus atributos únicos les hagan
sentir siempre como los superhéroes que son.

To my daughters and my students.
May your unique attributes make you forever feel like the super heroes you are.

Guía del lector:
Reader's Guide:

Esta página es para que el maestro o el padre reconozcan las técnicas utilizadas para enseñar a estudiantes y niños, especialmente aquellos con impedimentos en el lenguaje o pérdida auditiva.

This page is for the teacher or parent to recognize the techniques used to teach students and children, especially those with language delays/impairments or hearing loss.

Estrategia de reparación de comunicación 1:
Billie reconoce que no puede escuchar bien, pero ve que su madre mueve la boca.
Billie aprende que la causa es que no lleva sus audífonos de conducción ósea.

Communication Repair Strategy 1:
Billie recognizes she can't hear well, but sees her mother's mouth moving.
Billie learns the cause is her not wearing her bone conduction hearing aids.

Estrategia de reparación de comunicación 2:
Billie se da cuenta de que, al no llevar sus audífonos de conducción ósea, se ha perdido información.
En lugar de actuar como si hubiera entendido, pide al hablante (su madre) que repita la información.

Communication Repair Strategy 2:
Billie realizes that while not wearing her bone conduction hearing aids,
she missed information. Instead of acting as though she understood,
she asks the speaker, her mother, to repeat the information.

Idioma:
"up and at them" significa levántate, porque hay mucho trabajo por hacer.

Idiom:
"up and at them"- means to get up, because there is a lot of work to be done.

BILLIE
AWARENESS

¡Aaaah! (bostezo) Me estiro y salgo de mi cama.
Veo que mi puerta se abre y entra mamá.
"¡Buenos días, mamá!" digo con entusiasmo.

Aaahhh! (yawns) I stretch and get out of my bed.
I see my door open and in comes Mommy.
"Good morning Mommy!" I say enthusiastically.

microtia
AWARENESS

Mi mamá comienza a hablar conmigo, pero no puedo entender todo lo que dice.
¡Dios mío! Olvidé ponerme mis BAHA. Ah, ahora puedo oír a mi mamá.
"Oye, ¿puedes empezar de nuevo? Me perdí lo que dijiste
porque no tenía puestos mis BAHA."

La Sra. Jessica, mi maestra, siempre me dice que si noto que la gente
habla y no puedo entenderla, necesito hacer cuatro cosas.

1) Detener la conversación diciendo "¡espera!"
2) Averiguar el problema.
3) Arreglar el problema.
4) Pedirle a la persona que repita lo que dijo para no perder
información importante.

"Por supuesto, ¡lo siento! Me alegra que me lo hayas dicho, Sugafoot."
(Ese es el apodo que mi mamá me pone).

My mom begins to talk to me, but I can't quite make out all of what she's saying.
Oh my goodness! I forgot to put my BAHAs on. Ahh, now I can hear my mom.
"Hey can you start over? I missed what you said, because I didn't have on my BAHAs."

Ms. Jessica, my teacher, always tells me that if I notice people talking
and I can't understand them, I need to do four things.

1) Stop the conversation by saying "wait"!
2) Find out the problem.
3) Fix the problem.
4) Ask the person to repeat what they said, so I don't miss important information.

"Of course, I'm sorry! I'm glad you told me, Sugafoot."
(That's the nickname my mom calls me.)

**Pero mi verdadero nombre es Billie y tengo problemas de audición.
Llevo mis BAHA en una diadema para ayudarme a oír.
Nací especial.
Mis orejas son un poco pequeñas porque tengo Microtia.**

But my real name is Billie and I'm hard of hearing.
I wear my BAHAs on a headband to help me hear.
I was born special.
My ears are a little tiny, because I have Microtia.

Pero también soy especial porque tengo superpoderes.
Sí, así es, soy una súper OÍDo... pero eso te lo contaré más tarde.
Ahora mismo, necesito levantarme y prepararme para la escuela.
¡Arriba y a trabajar!

¿Qué debería ponerme para ir a la escuela hoy?
Dejame mirar por mi ventana para comprobar el tiempo.
¡Oh! Hace sol y la ventana se siente cálida al tacto.

But I'm also special because I have super powers.
Yea, that's right, I'm a super HEARo... but, I'll tell you about that later.
Right now, I need to get up and get ready for school.
Up and at them!

Hmmm...what should I wear to school today?
Let me look out of my window to check the weather.
Oooh! It's sunny and the window feels warm to the touch.

Voy a llevar mi falda de purpurina de arcoíris y mi camisa a rayas.
"¡Billie!"
"¿Sí, mamá?"
"Hora del desayuno. ¡Ven a la cocina!"
"Ok, ¡ya voy!" (pensando), espero que mamá haya hecho mis favoritas;
tortitas con arándanos frescos y auténtico jarabe de arce.

I'm going to wear my rainbow glitter skirt and my striped shirt.
"Billie!"
"Yes, mom?"
"Time for breakfast. Come to the kitchen!"
"Ok, I'm on my way!" (thinking), I hope Mommy made my favorite;
pancakes topped with fresh blueberries and real maple syrup.

¡Sí, genial!
¡Tenía razón! Mamá hizo mi favorito.
Lástima que pueda oler su café robusto
mientras ella corta delicadamente mis tortitas.
¡Puaj!

Yes, woohoo!
I was right! Mommy made my favorite.
Too bad I have to smell her robust coffee brewing as
she delicately cuts up my pancakes for me.
Yuck!

Después del desayuno, subimos a mi súper coche de OÍDo.
Bueno, en realidad, es solo el coche de papá, pero es un coche rápido.
Pronto estamos en camino a la escuela… ¡No puedo esperar!

After breakfast we load up into my super hero car.
Well really, it's just Daddy's car, but it's a fast car.
Soon we are on our way to school….I can't wait!

Me encanta ir a la escuela. Mi maestra es la mejor.

Ella es una maestra especial porque, como yo, todos mis amigos son sordos o tienen problemas de audición Y son super OÍDos.

Su nombre es la Sra. Jessica y lleva su cabello en un afro como yo. ¡Me gusta eso!

I love going to school. My teacher is the best.

She's a special teacher because, like me, all of my friends are deaf or hard of hearing AND super HEARos.

Her name is Ms. Jessica and she wears her hair in an afro like me. I like that!

La Sra. Jessica está junto a la puerta para
darme la bienvenida y a mis amigos en el día.
"Buenos días Billie", dice con un apretón amistoso.
Le devuelvo el apretón y digo: "Buenos días, Sra. Jessica", luego me apresuro a
entrar, coloco mi mochila en mi casillero y me preparo para mi chequeo auditivo.

Ms. Jessica is standing by the door to welcome me and my friends in for the day.
"Good morning Billie" she says with a friendly squeeze.
I squeeze back and say "Good morning Ms. Jessica" and then I hurry inside,
place my backpack in my cubby, and get ready for my listening check.

Sea Week
m, ah, oo
ee, sh, s

Todas las mañanas, la Sra. Jessica nos ayuda a mí y a mis amigos a revisar nuestro equipo para asegurarnos de que podemos oír bien.

Every morning Ms. Jessica helps me and my friends check our equipment to make sure we can hear well.

Mi amiga, Ally, ya está en clase. Ally también lleva audífonos.
¿Sabes cuál es su superpoder?

¡Ella puede volar!

No en el aire, sino en el suelo.
Ella va súper rápido en su silla de ruedas. "Zoom, Zoom"

My friend, Ally, is already in class. She wears BAHAs too.
You know what her super power is?

She can fly!

Not up in the air, but on the ground.
She goes super duper fast in her wheelchair. "Zoom, Zoom."

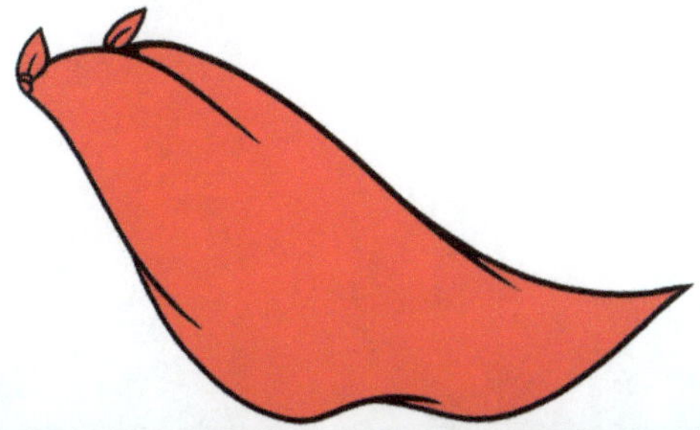

**¡Hola Zeina! ¡Hola Billie!
Zeina es mi amiga. También lleva audífonos.
Además, lleva un hijab porque es musulmana.**

**Su superpoder es el camuflaje.
Ella puede mezclarse con cualquier fondo.**

"Hi Zeina!" "Hi Billie!"
Zeina is my friend. She wears one cochlear implant and one hearing aid.
She also wears a hijab because she's Muslim.

Her super power is camouflage.
She can blend in to any background.

"Hola B-b-b-i-w-ee" "Hola Mario"
(Me aseguro de pronunciar la "r").

Mario es de Honduras y habla un poco de español y un poco de inglés.
Mario también lleva implantes cocleares para oír.

Su superpoder son sus músculos fuertes y grandes.
¡Mira, ahí está Mario mostrando sus músculos otra vez!

"Hola B-b-b-i-w-ee"
"Hola Mario" (I make sure to roll the "r".)

Mario is from Honduras and speaks some Spanish and some English.
Mario also wears cochlear implants to hear.

His super power is his strong and big muscles.
See, there's Mario flexing his muscles again!

CRAYONS
Markers
Colored Pencils

**El resto de mis amigos comienza a entrar en el aula.
¡Ahí está Malcolm!**

**Él es sordo de un oído y no lleva ningún equipo auditivo.
Su superpoder es su cerebro porque es súper inteligente.**

The rest of my friends start to pile into the classroom.
There's Malcolm!

He is deaf in one ear and doesn't wear any listening equipment.
His super power is his brain because he's super smart.

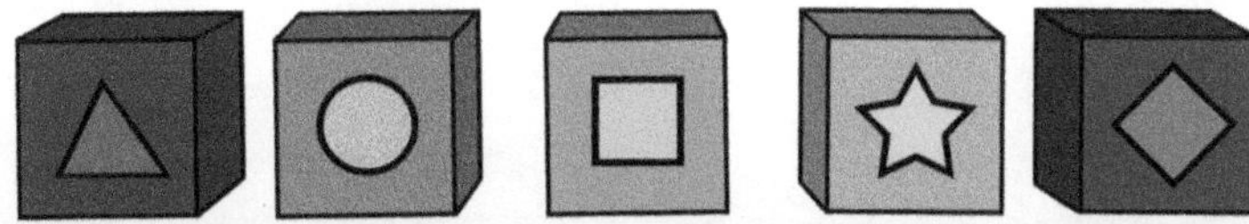

Super HEARo Friends!

Oh, y ahí está Elise! También lleva BAHA.

Su superpoder es la ecolocalización.

**Sus ojos no funcionan tan bien,
así que tiene que escuchar muy duro.**

Oh, and there's Elise! She wears BAHAs too.

Her super power is echolocation.

Her eyes don't work as well,
so she has to listen extra hard.

Y por supuesto, estoy yo, Billie!

Mi superpoder es... ¿estás listo?

¡Mi superpoder es la bondad!
Puedo hacerme amigo de cualquiera.

And of course there's me, Billie!

My super power is......are you ready?

My super power is Kindness!
I make friends with everyone.

Super HEARo Friends!

**La Sra. Jessica ha encendido el sistema FM y nos está llamando a la alfombra.
Tengo que irme ahora.**

¡Hora de empezar la clase!

Ms. Jessica has turned on the FM System and is calling us to the carpet.
I have to go now.

Time to start class!

Vocabulary Page:

BAHA (Audífono Anclado en Hueso) o un audífono de conducción ósea: una alternativa a los audífonos tradicionales que se colocan detrás de la oreja para personas con Microtia y/o Atresia. Los BAHA se implantan quirúrgicamente o se usan en una banda suave, similar a Billie. El audífono está diseñado para captar el sonido y transmitirlo mediante la conducción ósea al oído interno.

BAHA (Bone Anchored Hearing Aid) or a bone conduction hearing aid- an alternative to a traditional behind-the-ear hearing aid for people with Microtia and/or Atresia. BAHAs are surgically implanted or worn on a soft band strap, similar to Billie. The hearing aid is made to pick up sound and pass it using bone conduction to the inner ear.

Microtia: latín para "oreja pequeña". La oreja externa no se forma completamente en el útero. Hay cuatro tipos de Microtia, que van desde el Tipo 1 al Tipo 4. El Tipo 1 es la forma más leve, donde la oreja conserva su forma normal pero es más pequeña de lo habitual. El Tipo 4 es el tipo más severo, donde falta toda la pina.

Microtia- Latin for "little ear". The outer ear doesn't fully form in utero. There are four types of Microtia, ranging from Type 1 to Type 4. Type 1 is the mildest form, where the ear retains its normal shape, but is smaller than usual. Type 4 is the most severe type where the entire pinna is missing.

Sordo: pérdida de audición tan severa que hay poco o ningún oído residual, generalmente debido a daños en el oído interno o en los nervios. Puede ser causado por un defecto congénito, lesiones, enfermedades, ciertos medicamentos, exposición excesiva a ruidos fuertes o debido a la edad. Un implante coclear puede ser una opción para el acceso auditivo para procesar sonidos del habla para algunos.

Deaf- Hearing loss so severe that there is little to no residual hearing, usually due to inner ear or nerve damage. It may be caused by a congenital defect, injury, disease, certain medications, excessive exposure to loud noise, or due to age. A cochlear implant can be an option for auditory access to process speech sounds for some.

Vocabulary Page:

Hipoacúsico: pérdida de audición que es menos severa. Puede haber suficiente audición residual para que un dispositivo auditivo, como un audífono, brinde asistencia y acceso para procesar el habla.

Hard of Hearing- Hearing loss that is less. There may be enough residual hearing that an auditory device, such as a hearing aid, provides assistance and access to process speech.

Hijab: un velo que cubre el cabello de los hombres, aparte de la familia inmediata, en la fe/cultura musulmana. Es un símbolo de modestia.

Hijab- A veil covering hair from men, besides immediate family, in the Muslim faith/culture. It is a symbol of modesty.

Implante Coclear: se usa un implante coclear para amplificar y aclarar sonidos y permitir acceso auditivo. Hay un componente interno y externo. El componente interno se implanta quirúrgicamente en la cóclea para estimular el nervio auditivo. El componente externo es responsable de captar sonidos para enviar al componente interno.

Cochlear Implant- A cochlear implant is used to amplify and clarify sounds and allow auditory access. There is an internal and external component. The internal component is surgically implanted into the cochlea to stimulate the auditory nerve. The external component is responsible for picking up sounds to send to the internal component.

Audífono: un dispositivo electrónico que se lleva detrás de la oreja para amplificar el sonido.

Hearing Aid- An electronic device worn behind the ear used to amplify sound.

Vocabulary Page:

Sistema FM: un dispositivo inalámbrico que ayuda a una persona que utiliza un dispositivo auditivo o que tiene dificultades para oír, superando el obstáculo de la distancia del orador o entornos ruidosos.

FM System- A wireless device that assists a person utilizing a hearing device or who is hard of hearing, by overcoming the obstacle of distance from the speaker or noisy environments.

Afro: la palabra se deriva de afroamericano. Es el crecimiento natural del cabello de textura rizada, en cualquier longitud de textura de cabello rizado.

Afro- The word is derived from Afro-American. It is the natural growth of curly textured hair, in any length kinky hair texture.

ADA: Ley sobre Estadounidenses con Discapacidades (ADA, por sus siglas en inglés). Según las directrices de la ADA: La Regla Final exige que los cines tengan y mantengan el equipo necesario para proporcionar subtítulos cerrados y descripción de audio en el asiento de un espectador siempre que se proyecte una película digital producida, distribuida o de otro modo disponible con estas características; proporcionar aviso al público sobre la disponibilidad de estas características; y asegurar que el personal del teatro esté disponible para asistir a los espectadores con el equipo antes, durante y después de la proyección de una película con estas características.

ADA- Americans with Disabilities Act. Per the ADA guidelines: The Final Rule requires require movie theaters to: have and maintain the equipment necessary to provide closed movie captioning and audio description at a movie patron's seat whenever showing a digital movie produced, distributed, or otherwise made available with these features; provide notice to the public about the availability of these features; and ensure that theater staff is available to assist patrons with the equipment before, during, and after the showing of a movie with these features.